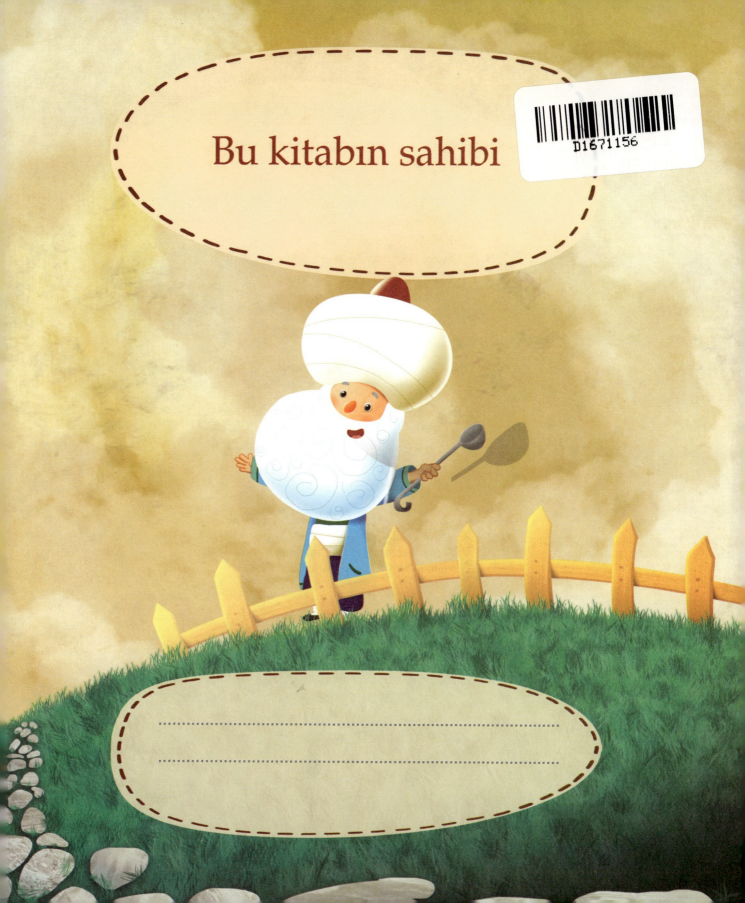

Bu kitabın sahibi

NASRETTİN HOCA VE CİMRİ KOMŞUNUN HİKÂYESİ

ISBN: 978-605-349-495-9

Yazan: Melike Günyüz
Resimleyen: Ceyhun Şen
Redaksiyon: Figen Yaman Coşar
Baskı Öncesi Hazırlık: Zeynep Gülsüm Sağlam
Grafik Uygulama: Ayşe Adaş
Danışman: Özlem Mumcuoğlu

© Melike Günyüz, 2013
© Ceyhun Şen, 2013
© Sedir Yayınları A.Ş. 2013

İstanbul, 2016

Baskı: Doğa Basım İleri Matbaacılık San. ve Tic. Ltd. Şti.
İ.O.S.B. Turgut Özal Cad. Çelik Yenal End. Merkezi
No: 117/2A-2B Başakşehir/İstanbul T: 0212 407 0 900
Matbaa Sertifika Numarası: 25642

SEDİR YAYINLARI A.Ş.
İkitelli OSB, Mutsan San. Sit. 9. Blok, No: 44-46 Başakşehir 34490 İstanbul
T: 0212 486 34 00 F: 0212 486 34 01
bilgi@erdemyayinlari.com www.erdemyayinlari.com
Yayıncı Sertifika Numarası: 26483

Nasrettin Hoca ve Cimri Komşunun Hikâyesi

yazan
Melike Günyüz

resimleyen
Ceyhun Şen

erdem
çocuk

Şu bizim Akşehirli tonton Nasreddin Hoca'yı yalnızca bilgili, hazırcevap sanma. Hoca hem cömert hem de yardımsever bilinirmiş yaşadığı çağda. Bu yüzden ona bol bol misafir gelirmiş. Bu güzel ev sahibine gelenler yer içer, yatar kalkar, bir türlü gitmek istemezmiş.

*İ*nsanoğlu gariptir. Kimi iyiliğe iyilik-le karşılık verir, kimisi de iyilik hep kendisine yapılsın ister. Hikâyedeki adam bakalım bunlardan hangisidir?

Hoca'nın bir komşusu varmış. Aynı bahçeye bakıyormuş evleri. Bu sebeple Hoca'nın evine giren çıkan herkesten ve her şeyden oluyormuş haberi.

Hoca yeni bir eşya alınca daha kendisi kullanmadan komşu kapıyı çalıp ödünç istiyormuş.

Hoca'nın evine yiyecek bir şey gelince daha sofra kurulmadan komşu kapıyı çalıyormuş.

Hoca cömert birisiymiş, evinde misafir ağırlamaktan da eşyasını paylaşmaktan da çekinmezmiş.

Fakat komşunun emanet aldığı eşya ya bozulup geri gelirmiş ya da hiç gelmezmiş. Komşu sofraya oturdu mu bütün yemeği tek başına yer bitirirmiş.

*K*omşu bir gün kapıyı çalmış. "Hoca'm az önce bir tepsi baklava geçti buradan..." demiş. "Ee, bana ne?" diye karşılık vermiş Hoca. "Galiba size geldi!" demiş komşu baklava yemek hayaliyle. "O zaman sana ne be adam!" diye kapıyı kapatmaya çalışmış Hoca. Komşu bir kere Hoca'nın kapısına gelmiş. Eli boş döner mi hiç! "Değirmene kadar gideceğim. Senin şu eşeği ödünç verir misin?" diye sormuş. "Hayır veremem!" demiş Hoca. "Eşek evde yok!" diye de mazeret uydurmuş. Çünkü önceki sefer komşu eşeğe o kadar yük yüklemiş ki zavallı hayvan neredeyse çatlayacakmış.

Üstelik bir de aç bırakmış. Tam o anda eşek ahırdan anırmaya başlamasın mı! Komşu şaşırmış. "Amma yaptın Hoca'm. Bak eşeğin ahırdaymış." diyerek surat asmış. Hoca kızmış. "Bana bak komşu!" demiş. "Kaç yaşında ihtiyarım, bana mı inanıyorsun yoksa bir hayvana mı?" diye kapıyı kapatmış.

Hoca'nın komşusu öyle kolay pes etmezmiş. Tekrar çalmış kapıyı. "Hoca'm aslında ipine de ihtiyacım var. Çamaşır kurutacağım, ipini ödünç verir misin?" diye sormuş bu defa. "Hayır!" demiş Hoca. "İpe un serdim. Veremem." "Aman Hoca'm etme, nasıl un serilir ipe?" demiş adam şaşkınlıkla. Hoca da "İnsan vermek istemeyince elbette ipe un serilir." demiş demesine ama komşuda bu cevabı anlayacak akıl nerede? O, Hoca'dan bir şeyler alma derdinde.

Hemen eve koşmuş, elinde bir tavşanla geri dönmüş. "Senin hanım bu tavşanı çok güzel pişirir. Güzel bir yemek yapsa da hep beraber yesek." diye teklif etmiş. Hoca yine şaşırmış. Komşu kolay kolay bir şey getirmezmiş. "Peki. Akşama buyur gel, hep beraber yiyelim." demiş.

Hoca'nın hanımı lezzetli bir yemek hazırlamış. Sofrayı donatmış. Az sonra kapı çalmış. Komşu yanında üç beş adamla içeri girmiş. "Hoca'm, bunlar Tanrı misafiri. Benim tavşanı avladığım köyün ahalisi. Geçiyorlarmış buradan, nasiplensinler sofradan."

*T*anrı misafiri deyince Hoca ne yapsın? Buyur etmiş içeri. Gelenler afiyetle yemişler pişen yemeği. Ne Hoca'ya ne de karısına yiyecek bir lokma bırakmışlar. Onlar da yemekten geriye kalan suya ekmek banmışlar.

Ertesi gün akşama doğru komşu yine gelmiş kapıya, yanında üç beş insanla. "Hoca'm hani dün sana tavşan getirmiştim ya. Bunlar dün gelenlerin akrabaları. Dünkü tavşandan yemeğe gelmişler artanını."

17

Hoca, konukları içeri davet etmiş. Sofraya oturtmuş. Önlerine de bir tas sıcak su koymuş çorba niyetine.

"Bu da ne böyle! Hani çorba nerede?" diye şaşırmış gelenler. "Tavşanın suyunun suyu bu. Buyurun afiyetle yiyin." diyen Hoca geçip karşılarına oturmuş. Gelenler bakmışlar ki Hoca'dan bu akşam kendilerine fayda yok. Birer ikişer evi terk etmişler.

Komşusu aslında Hoca'nın ne yapmak istediğinin yine farkına varmamış. Sonraki günlerde ya kendisi ya da oğlu kapıya gelerek başka başka şeyler isteyip durmuşlar. Artık Hoca, "Yeter. Bu duruma bir çare bulmam gerekiyor." diyerek düşünmeye başlamış. Aklına parlak bir fikir gelmiş.

19

*K*omşunun kapısına varmış. "Bizim hanım çamaşır kaynatacak. Senin kazan büyük, ödünç verir misin?" demiş. Komşunun gözleri ışıldamış. Hoca'ya bir şey vermek, karşılığında daha çok şey almak anlamına geldiğinden koşa koşa getirip kazanı vermiş.

Hoca ertesi gün kazanın içine küçük bir tencere koyup komşusuna götürmüş ve "Sağ olasın. Al kazanını geriye." demiş. "Bu tencere de ne böyle?" diye merakla sormuş adam. "O mu? Senin kazan bizim evde doğurdu. O da yavrusu." diye cevap vermiş. Cimri komşunun gözleri daha da parlamış. "Kazan hiç doğurur mu?" bile demeden almış kazanı da tencereyi de. Teşekkür bile etmemiş bu güzel hediyeye.

oca ertesi gün yine komşusunun kapasını çalmış, "Senin kazan yine lazım bizim hanıma. Alabilir miyim?" diye sormuş. Komşuda bir heyecan. "Acaba bu defa ne doğuracak benim kazan?" diye düşünmüş, hemen getirip vermiş.

Komşu birkaç gün beklemiş ama kazanı geri vermemiş Hoca. Geçmiş bir hafta aradan yine ses yok Hoca'dan. Cimri komşu hop oturup hop kalkıyormuş. Acaba Hoca kazanı neden getirmiyormuş? En sonunda dayanmış Hoca'nın kapısına. "Hoca'm ne oldu bizim kazana?" diye sormuş ona. Hoca pek üzüntülüymüş. "Başın sağ olsun komşum." demiş. Adam ne olduğunu anlamamış. Boş boş Hoca'ya bakmış. "Senin kazan öldü. Allah rahmet eylesin. Geride kalanların ömrünü uzun etsin." Komşu duyunca bunu, öfkeden küplere binmiş. "Sen ne diyorsun Hoca'm! Bu kazan insan değil ki ölsün. Ardından gözyaşı dökülsün?" demiş.

$\mathcal{H}$oca adamın yüzüne bakmış, bakmış. "Kazanın doğurduğuna inanıyorsun da öldüğüne niye inanmıyorsun be adam?" deyip kapısını kapatmış.

O günden sonra komşu cimriliğinin farkına varmış mı bilinmez. Ama bilinen bir şey var ki Hoca'nın komşusuyla yaşadıkları dilden dile anlatılmış yüzyıllar boyunca. En sonunda da hikâye olup buluşmuş bu kitabın okuyucularıyla.